ROSANE PAMPLONA

Contos de Outrora para Jovens de Agora

1ª EDIÇÃO

© ROSANE PAMPLONA 2009

COORDENAÇÃO EDITORIAL Maristela Petrili de Almeida Leite
EDIÇÃO DE TEXTO Erika Alonso
COORDENAÇÃO DE PRODUÇÃO GRÁFICA Ricardo Postacchini, Dalva Fumiko
COORDENAÇÃO DE REVISÃO Elaine Cristina del Nero
REVISÃO Duna Dueto Ltda.
EDIÇÃO DE ARTE/PROJETO GRÁFICO/CAPA Ricardo Postacchini
ILUSTRAÇÕES DE CAPA E MIOLO Cris Burger
DIAGRAMAÇÃO Camila Fiorenza Crispino
COORDENAÇÃO DE *BUREAU* Américo Jesus
PRÉ-IMPRESSÃO Everton L. de Oliveira, Helio P. de Souza Filho, Marcio H. Kamoto
COORDENAÇÃO DE PRODUÇÃO INDUSTRIAL Wilson Aparecido Troque
IMPRESSÃO E ACABAMENTO Forma Certa
LOTE 756387
CODIGO 12062385

Dados Internacionais de Catalogação na Publicação (CIP)
(Câmara Brasileira do Livro, SP, Brasil)

Pamplona, Rosane
 Contos de outrora para jovens de agora / Rosane
Pamplona. — 1. ed. — São Paulo : Moderna,
2009. — (Coleção veredas)

 ISBN 978-85-16-06238-5
 1. Contos - Literatura infantojuvenil
I. Título. II. Série.

09-01357   CDD-028.5

Índices para catálogo sistemático:
1. Contos : Literatura infantojuvenil 028.5
2. Contos: Literatura juvenil 028.5

Reprodução proibida. Art.184 do Código Penal e Lei 9.610 de 19 de fevereiro de 1998.

Todos os direitos reservados
EDITORA MODERNA LTDA.
Rua Padre Adelino, 758 - Belenzinho
São Paulo - SP - Brasil - CEP 03303-904
Vendas e Atendimento: Tel. (11) 2790-1300
Fax (11) 2790-1501
www.modernaliteratura.com.br
2022
Impresso no Brasil

À Marília, minha amiga de outrora e de agora.

Sumário

Caro leitor — Rosane Pamplona, 7

O tambor, 9

A ofensa, 11

Os compadres e os galos, 13

Os três desejos, 15

Passinho por passinho, 17

Carregando a moça, 19

O conhecimento, 21

Dom divino, 23

Mudar o mundo, 27

Desapego, 29

O jacarandá e o bambu, 31

O preço de uma bofetada, 33

O segredo do cofre, 35

A gralha e a serpente, 39

Impaciência, 41

A prova dos nove, 43

Generosidade fácil, 45

O monstro da floresta, 47

O melhor som do mundo, 51

Lições de um ladrão, 53

A prova da sabedoria, 57

O preço justo, 59

O sacrifício, 61

Diagnóstico fácil, 65

Quem sabe, sabe, 69

CARO LEITOR

As histórias que você encontrará aqui são muito antigas. Tão antigas que é difícil rastrear suas origens. Algumas vezes conseguimos chegar ao que parece ter sido o seu primeiro registro por escrito (e isso pode significar séculos ou mesmo milênios!). Ainda assim, não saberemos quando elas foram contadas, oralmente, pela primeira vez, pois foram transmitidas de geração a geração, de pais para filhos, ou de mestres para discípulos.

Se tão antigas, por que repeti-las hoje? Na verdade, essas histórias atravessaram séculos e continentes porque ainda têm algo a nos revelar. Porque sua matéria-prima é o ser humano. Seus temas são atuais porque falam dos sentimentos, anseios, valores da humanidade: a justiça, a responsabilidade, o desapego, a caridade e também a tolice, a arrogância, a impaciência, enfim, qualidades e defeitos inerentes à condição humana. Por trás do mercador que come pimenta, há aquele ser humano que não se conforma com as perdas e, para ter a ilusão de que não perdeu tanto, toma atitudes que o fazem perder ainda mais. Por trás do tolo que acha que pode ser médico apenas repetindo o que ouve, está aquele que julga que pode conquistar tudo sem esforço. O mestre que não se impacienta com as injúrias nos dá uma dica: às vezes a melhor arma são as palavras inteligentes. E assim por diante, cada uma das situações aqui narradas pode ser vista como uma versão de outras situações que vivemos na vida real, oferecendo-nos a oportunidade de refletir sobre nosso comportamento e o do próximo.

Assim são as histórias: estrelas que nos revelam algo se somos capazes de decifrá-las; e, assim como as estrelas guiam os navegantes, as histórias podem nos guiar rumo ao conhecimento do mundo e de nós mesmos.

Rosane Pamplona

Pode-se fiar nas aparências?

Esta fábula aparece no livro *Calila e Dimna*, também conhecido como *Fábulas de Bidpaï*, que traz textos inspirados ou traduzidos do Pantchatantra, a mais antiga coletânea de parábolas e fábulas da Índia, cujas origens são anteriores à vinda de Buda (século V a.C.). Calila e Dimna são dois chacais que, por meio de suas anedotas e fábulas, inspiram lições de filosofia e ética.

No século VIII, Ibn al-Muqaffa traduziu as fábulas para o árabe e, a partir daí, esses textos se espalharam largamente, inspirando até hoje fabulistas do mundo todo, como Jean de La Fontaine.

O TAMBOR

No meio de uma floresta, algumas crianças brincavam com um enorme e enfeitado tambor, que ressoava até bem longe.

O som retumbante atraiu um leopardo faminto. As crianças, ao se aperceberem da fera, fugiram espavoridas, largando o tambor.

O leopardo nem se importou; deixou que fugissem, pois estava de olho era naquela criatura, de voz sonora, de ventre estufado.

"Quanta carne deve ter ali!", pensou.

E pulou de garras e dentes sobre o tambor, estraçalhando-o.

Logo percebeu, porém, que ali dentro não havia nada.

Uma gralha, vendo o desapontamento do leopardo, pousou num galho próximo e filosofou:

— De que você se espanta? Pois então não sabe que, quase sempre, as criaturas de voz mais retumbante e de aparência mais vistosa são justamente as mais vazias?

Qual a melhor resposta a uma ofensa?

Esta historieta traz como personagem um monge tibetano. Monges são os religiosos que vivem em mosteiros. Sempre foram considerados sábios, pois, na vida enclausurada, tinham oportunidade de dedicar-se a leituras e estudos profundos, alcançando assim um conhecimento que a vida cotidiana geralmente não pode proporcionar.

Há monges de diversas religiões. Os monges tibetanos são budistas ou lamaístas (o lamaísmo é baseado no budismo; seu líder é o Dalai Lama). O budismo é uma entre tantas religiões que adotam histórias ou parábolas como um dos instrumentos para transmitir sua filosofia.

A OFENSA

Viveu certa vez no Tibete um monge tão respeitado que era tido como um santo. Passava seus dias meditando e ensinando, sem nunca perder a paciência ou se irritar com ninguém.

Um dia, um jovem, invejoso do respeito que o monge conquistara, quis destruir sua imagem.

Aproximou-se e passou a injuriá-lo, dizendo-lhe ofensas e palavras desonrosas, só com o objetivo de provocar sua ira.

O monge ouviu-o sem nada dizer, até que o jovem terminasse. No final, indagou-lhe:

— Meu filho, se alguém se recusa a aceitar um presente que lhe oferecem, a quem pertencerá por direito esse presente?

— A quem o ofertou, certamente.

— Pois saiba que acabo de recusar as injúrias que me ofereceste.

O que é mais importante: o que se diz ou como se diz?

Esta história faz parte do folclore português. A palavra folclore vem do inglês *folk* (povo) + *lore* (conhecimento). Do folclore fazem parte as tradições populares, os contos, os provérbios, as cantigas, as danças, enfim, as manifestações da cultura popular.

Uma das marcas da tradição portuguesa nesse conto são os galos: Portugal é o "porto do galo" *(porto calis)*; as figurinhas de galo são os *souvenirs* mais típicos do país. Compadres, a rigor, são aqueles ligados por um laço de batismo (o padrinho e o pai do afilhado), mas entre o povo podem ser apenas os amigos ou vizinhos. É um traço do povo, também, o respeito aos padres e autoridades, além, é claro, da astúcia de que um deles faz uso para não mentir, mas "dourar" a verdade.

Os compadres e os galos

Iam dois compadres por uma estrada quando viram dois galos brigando. Sem perguntar de quem seriam os galos, os compadres os agarraram e os levaram para a taberna. Ao taberneiro, pediram que preparasse com as aves um bom jantar. Assim foi feito e os dois compadres se regalaram.

Algum tempo depois, um dos compadres foi se confessar com um padre e referiu-lhe a história dos galos. O padre não gostou do que ouviu e disse-lhe que deveria contar o que fizera ao alcaide, o prefeito da cidade.

O compadre foi procurar o amigo e contou-lhe o que se passara:

— Estamos numa enrascada, compadre, pois eu não ouso contrariar o padre. E quando o alcaide souber, no mínimo vai nos pôr entre as grades!

— Deixe comigo – disse o outro — , tudo depende de como confessaremos!

E ele mesmo se encarregou de ir conversar com o alcaide. No dia seguinte, encontrou-se com o compadre, que, vendo-o tão tranquilo, quis saber o que ele dissera ao prefeito.

— Pois não contei nenhuma mentira. Disse-lhe assim:

"Íamos eu e meu compadre por uma estrada, quando topamos com dois brigões numa luta feroz. Apartamos a briga e levamos os dois para a taberna, onde saboreamos um belo jantar. O senhor acha que cometemos algum crime?

— De jeito nenhum! — respondeu o alcaide. — Ajudar dois inimigos a se reconciliarem e ainda convidá-los a participar de uma refeição é ato muito louvável! Parabéns a vocês dois!"

Melhor é ter desejos atendidos ou não ter desejos?

Da antiga Índia nos chegou esta história. Quando se fala em antiga Índia, estamos falando de uma das primeiras civilizações do mundo. Há, na região (que hoje compreende outros países, como o Paquistão e o Nepal), registros do homem que datam de mais de 30 mil anos. Muitas das histórias da Índia que apregoam o desapego, a iluminação, a meditação espalharam-se pelo mundo por meio dos adeptos do budismo, religião e filosofia baseadas nos ensinamentos de Sidarta Gáutama, o Buda, que nasceu no século VI a.C., no Nepal.

Os três desejos

Um pescador encontrou uma velha garrafa, que a maré trouxera para a praia durante a noite. Destapou-a e viu surgir diante de si um gênio, que lhe disse:

— Você me libertou e agora tem direito a três desejos. Qual é o primeiro?

O homem pensou um pouquinho e respondeu:

— Quero sabedoria bastante para decidir quais os melhores próximos desejos.

— Concedido — afirmou o gênio. — Agora, diga: qual o próximo desejo?

Subitamente iluminado, o pescador então respondeu:

— Obrigado, amigo. Mas eu não tenho mais nenhum.

O que é ser privilegiado?

Esta história pode ser classificada como uma fábula. Tradicionalmente, dava-se o nome de fábula a qualquer narrativa de cunho fabuloso, imaginário. Hoje, no Brasil, costumamos chamar de fábula as histórias curtas que trazem, como personagens, animais que se comportam como seres humanos. O mais famoso fabulista foi Esopo, que, segundo alguns historiadores, teria vivido como escravo na Grécia, no século VI a.C. Consta que sua liberdade foi conseguida por meio das histórias que contava, muitas delas inspiradas nas narrativas hindus ou egípcias.

Passinho por passinho

Ia a diligente formiga, passinho por passinho, carregando restos de comida para o formigueiro.

De repente, voou a seu lado uma mosca presunçosa, que se pôs a zombar:

— Aonde vai, pobre coitada? Carregando restos de comida? Como vocês são infelizes, formigas, tendo que se contentar com o que sobra! Mas veja eu, que vida privilegiada! Escolho o que quero, pouso onde me apetece, só me satisfaço com finas iguarias!

A formiga nada respondeu. Continuou com sua tarefa, passinho por passinho.

A mosca, para mostrar o quão superior era, voou para a cozinha e pousou num suculento pedaço de carne que a cozinheira estava preparando.

Um piparote, certeiro e mortal, jogou-a longe.

Dali a pouco chegou a formiga e carregou a infeliz presunçosa para o formigueiro. Passinho por passinho.

Preocupar-se com um problema é resolvê-lo?

Esta história é narrada pelos sufis. Os sufis são os adeptos do sufismo, uma derivação do islamismo, religião iniciada pelo profeta Maomé, cujos adeptos são mais conhecidos pelo nome de muçulmanos. O sufismo prega o autoconhecimento através de meditação, rezas, cantos e danças. Perseguidos pelos muçulmanos exotéricos, que os acusavam de blasfêmia, os sufis espalharam-se pelo mundo e conservaram muitas de suas convicções em poesias complexas e histórias que nos fazem refletir sobre o que significa estar neste mundo. Esta mesma história aparece na tradição chinesa.

Carregando a moça

Iam dois monges em peregrinação de um mosteiro a outro quando chegaram a um rio cuja ponte havia sido levada pelas chuvas.

Na margem estava uma moça, jovem e bonita, com o vestido molhado colado ao corpo. Vendo os monges, ela correu para eles, dizendo-lhes que estava com medo da correnteza e pedindo-lhes que a ajudassem a atravessar para o lado de lá.

O monge mais jovem desviou o olhar e esquivou-se como pôde da jovem, mas o mais velho, sem hesitar, tomou-a nos braços e pôs-se a atravessar as águas, seguido pelo olhar envergonhado e perplexo do companheiro.

Chegando à outra margem, ele despediu-se da moça e continuou viagem, tranquilamente. O outro monge seguia ao lado, macambúzio. O mais velho tentou conversar, mas o companheiro permanecia calado, mergulhado em turvos pensamentos.

Finalmente, os dois chegaram ao lugar de destino. O mais velho preparava-se para dormir, quando o outro decidiu-se a falar:

— Você vai dormir? Não está com a consciência pesada?

— Eu? Por quê? — surpreendeu-se o monge.

— Bem, aquela moça no rio...

— O que tem ela?

— Você a carregou nos braços, uma mulher, proibida a quem almeja a vida espiritual! Como pode estar tão tranquilo?

— Bem — disse o monge, sorrindo —, eu carreguei a moça, sim, e a deixei lá à beira do rio. Mas vejo que você a está carregando até agora...

Existe um caminho curto para a aprendizagem?

A palavra *rabino* vem da língua hebraica e significa *mestre*.
No judaísmo, rabino ou rabi é um título que designa os responsáveis pelos ensinamentos das leis e tradições judaicas. O judaísmo é a mais antiga das religiões monoteístas, isto é, que acreditam num só deus. Os ensinamentos dessa religião, a princípio, faziam-se apenas oralmente, e as histórias, muitas vezes bem-humoradas, eram instrumentos poderosos para transmiti-los.

O CONHECIMENTO

Um jovem, ávido por conhecimentos, procurou um rabino e lhe perguntou:

— Mestre, o que é a verdade?

— Ah, meu filho. Sente-se aqui e comece a estudar, pois eu vou levar quarenta anos para lhe explicar o que é a verdade.

— Quarenta anos? Isso é uma perda de tempo. Então, vou procurar outro mestre que possa me ensinar mais rápido.

— Pois eu conheço um rabino que poderá lhe ensinar o que é a verdade em um minuto.

O jovem ficou surpreso, mas agradeceu a indicação e foi ter com o outro rabino.

— Mestre, quero que me explique, o mais rápido possível, o que é a verdade.

— A verdade é a fé — respondeu o rabino, sem titubear.

— Como assim? — estranhou o jovem.

— Ah, meu filho. Sente-se aqui e comece a estudar, pois eu vou levar quarenta anos para lhe explicar.

Desejo realizado é garantia de felicidade?

Esta história vem da tradição hinduísta. O hinduísmo é uma das mais antigas tradições religiosas, a terceira em número de fiéis (depois do cristianismo e do islamismo). A maioria deles vive na Índia e no Nepal. O mais antigo e importante livro dessa religião é o *Mahabharata* (extensa narrativa que fala de deuses, demônios, reis e sábios). O hinduísmo prega, através de suas práticas e de suas parábolas, a possibilidade de experimentar a divindade que está em todos os lugares. Muitas histórias dessa tradição trazem personagens com poderes supranaturais.

DOM DIVINO

Conta uma lenda que na antiga Índia um rei teve um filho abençoado. Os sacerdotes, à beira do berço real, profetizaram que aquele menino, ao completar vinte anos, teria um dom prodigioso: o de controlar os fenômenos da natureza, ou seja, poderia fazer chover ou ventar, nevar ou fazer calor.

A profecia encheu de júbilo o coração do rei e de seus súditos, que passaram a cuidar do menino, o eleito dos deuses, com todo o zelo do mundo, pois, se algo acontecesse com ele, a perda seria inestimável.

Assim, o príncipe, sempre preservado de todos os perigos, cresceu são e forte e chegou aos vinte anos.

No dia da festa de seu aniversário, todo o reino esperava por uma demonstração de seus dons. O que não tardou a acontecer. O príncipe olhou para o céu, ergueu os braços e exclamou:

— Juntai-vos, nuvens!

E as nuvens se juntaram imediatamente, cobrindo o céu. Houve um murmúrio de assombro na multidão, seguido de uma salva de palmas estrondosa.

Em seguida, o escolhido dos deuses ergueu novamente os braços para o céu e ordenou:

— Brilhe, sol!

E o sol brilhou como nunca.

A partir daquele dia, o príncipe anunciou que receberia seus súditos no salão principal do palácio para atender a seus pedidos.

Os primeiros a procurá-lo foram os lavradores, que lhe pediram que fizesse o sol brilhar e o calor aumentar, para que o trigo, já maduro, pudesse acabar de secar. O príncipe assim fez.

Os lavradores não cabiam em si de contentes, porém, dali a uns dias os pastores foram procurar o príncipe para que ele fizesse chover, ou suas cabras morreriam de sede. A chuva caiu, então, com vontade.

Os lavradores ficaram bem contrariados, pois o trigo, que já estava no ponto de ser cortado, apodreceu.

E logo começou um frio muito forte, a pedido dos comerciantes de pele, que estavam com seus estoques de cobertores parados e precisavam vendê-los. Todavia as cabras, que tinham acabado de ser tosquiadas, morreram de frio.

Aborrecidos, os pastores foram tirar satisfação com os comerciantes.

Enquanto isso, o povo, que não gostava do frio, pediu ao príncipe que fizesse calor. Com o calor, ninguém queria mais os cobertores e brigaram para que os comerciantes os aceitassem de volta. E todos se queixavam ao mesmo tempo.

Não tardou para que à porta do palácio se juntasse uma multidão esbravejando; primeiro, uns contra os outros, depois, contra o príncipe, que, não sabendo mais a quem atender, ora mandava o sol brilhar, ora ordenava chuvas, depois fazia ventar e nunca conseguia contentar todo mundo.

E se antes o príncipe tinha sido poupado de qualquer sofrimento ou doença para que pudesse chegar são e salvo aos vinte anos, agora, odiado por todos, tinha que se esconder para não ser apedrejado.

O rei, vendo o perigo que o filho corria, chamou os sacerdotes e pediu-lhes que intercedessem junto aos deuses.

Foi assim que o príncipe prodigioso, o escolhido dos céus, perdeu seu dom divino e agradeceu aos deuses por se tornar um homem comum.

É possível mudar o mundo?

Os dervixes são os monges muçulmanos seguidores do sufismo. A palavra *dervixe* significa mendigo, pois o desapego aos bens materiais é um dos pilares da filosofia sufi. Os dervixes, em sua maioria, eram andarilhos que viviam de esmolas. Mas há também os dervixes dançarinos, que encontraram na prática de girar sobre seu eixo um modo de meditar e assim conectar-se com a divindade. De qualquer maneira, não são os rituais que definem o sufismo, mas a ética.

Mudar o mundo

Um sábio dervixe, antes de morrer, confessou a seus discípulos:

— Quando eu era jovem, pensava em mudar o mundo. Minha única prece era: "Senhor, ajudai-me a mudar as pessoas!".

Quando fiquei mais velho, dei-me conta de que isso era impossível e de que eu estava sendo pretensioso em minha prece. Então, passei a orar: "Senhor, dai-me forças para mudar pelo menos as pessoas mais próximas, meus amigos e minha família!".

Mesmo assim, nada do que eu fizesse fez essas pessoas mudarem.

Hoje já sou velho e tenho os dias contados. Mas percebi há algum tempo como estava errado. Minha prece agora diz: "Senhor, dai-me forças de mudar a mim mesmo".

Se essa tivesse sido minha prece desde o início, não teria desperdiçado tanto tempo.

Dar é sinônimo de desapegar-se?

Govinda é o outro nome de Krishna, que, segundo a tradição hindu, é o oitavo avatar de Vishnu. Avatar é a forma materializada de um ser divino. Vishnu forma, com os deuses Shiva e Brahma, a Trindade Hindu. Krishna é bastante popular nas histórias da tradição hinduísta, aparecendo muitas vezes como um professor, um sábio ou mesmo como um pastor de rebanhos.

Desapego

Conta uma antiga lenda que Govinda, o sábio, meditava sobre um rochedo à beira de um rio quando um discípulo muito rico veio trazer-lhe, em oferenda, duas valiosíssimas pulseiras de ouro cravejadas de diamantes.

Govinda pegou o estojo e pôs uma das pulseiras. Mas seu braço era magro demais e a pulseira escorregou, indo cair nas águas do rio.

O discípulo, mais do que depressa, pulou na correnteza e ficou procurando a preciosa joia. Mergulhou e mergulhou por mais de uma hora, mas em vão: a correnteza havia decerto carregado a pulseira.

— Que tragédia! Se ao menos eu soubesse o ponto exato onde ela caiu — lamentou-se ele a Govinda.

O sábio, sem se perturbar, pegou a outra pulseira e, jogando-a no rio, disse, simplesmente:

— Foi exatamente ali.

Uma qualidade pode ser um defeito?

Existem várias histórias sobre o bambu na tradição chinesa. O bambu é considerado especial devido à sua utilidade e também à sua resistência, disfarçada num aspecto frágil. Muitas fábulas como esta foram adotadas para transmitir ensinamentos religiosos, principalmente os do zen-budismo, nome japonês da tradição C'han, e hoje uma das escolas budistas mais conhecidas no Ocidente. Para os budistas, pintar um bambu é um exercício espiritual. Pela retidão de seu caule, pelo fato de apontar o céu e ainda pelo vazio entre seus nós, o bambu pode ser símbolo da busca interior.

O JACARANDÁ E O BAMBU

Num bosque, havia um jacarandá alto e grosso. Ele sempre zombava de seu vizinho, um bambu muito fino e pequenino.

— Eu sou muito forte e você é um fracote — dizia o jacarandá. — Você não tem vergonha de ser assim tão frágil?

O bambu nada respondia.

Um dia começou a ventar no bosque. O vento fazia o bambu se curvar todo. Vendo tal cena, o jacarandá se divertia, zombando do delgado bambu.

O vento foi aumentando. Ficou tão forte que acabou arrancando o jacarandá do chão desde as raízes.

Quando a ventania passou, apenas o bambu continuava em pé.

Como se pode driblar uma injustiça?

As histórias são um patrimônio valioso na tradição árabe em geral. Até hoje Sherazade, a heroína de *As mil e uma noites*, é sinônimo de contadora de histórias. Os árabes, estendendo seu império pela Ásia e norte da África, recolheram e renovaram antigas narrativas e as difundiram amplamente pelo Ocidente. Nesta história, aparece um cádi. Cádi é um juiz muçulmano, que segue a *charia*, o direito religioso dos islamitas. A palavra vem do árabe *Qadi*, que deu origem ao termo *alcaide*, em português.

O PREÇO DE
UMA BOFETADA

Yussuf era um jovem modesto, mas inteligente e educado. Um dia, foi à loja de um mercador extremamente rico e arrogante. A loja estava abarrotada de mercadorias. O jovem, sem querer, esbarrou numa prateleira, fazendo cair algumas caixas que ele prontamente recolocou no lugar, pedindo desculpas ao mercador. Mas o prepotente homem, vendo os trajes simples de Yussuf, investiu contra ele e deu-lhe uma bofetada.

Muito ofendido, Yussuf foi queixar-se ao cádi.

O cádi ouviu a queixa e mandou chamar o mercador. Sabia que este cometera uma falta grave, porém, ao perceber que se tratava de um rico e poderoso senhor, não quis indispor-se com ele e condenou-o a pagar à vítima apenas uma tigela de arroz.

Yussuf ficou muito descontente.

— É apenas esse o castigo por uma tal ofensa?

— Não sei por que ficar tão ofendido... — desdenhou o cádi.

Yussuf não respondeu. Levantou-se e, perfeitamente calmo, vibrou na face do cádi uma sonora bofetada.

— Que audácia! – gritou o cádi. — Você me paga!

— Não se preocupe com o pagamento. — retorquiu Yussuf. — A tigela de arroz que vou receber pode ficar para o senhor...

O que é melhor: saber ou não saber?

Também da tradição árabe (que tem muitas histórias que falam dos ciúmes masculinos, como a de Sherazade, por exemplo) nos chegou esta história. Xeique ou xeque (do árabe *xáyh*, ancião) é um título de nobreza. Geralmente designa um chefe, um governador, mas pode também designar apenas uma pessoa respeitável pela idade. O xeique dessa história é um adepto do dito popular "só é feliz quem não sabe".

O SEGREDO DO COFRE

O xeique Amir Mansur era casado com uma mulher jovem e belíssima, com quem vivia feliz.

Um dia, o xeique teve que empreender uma longa viagem.

Acometido por ciúme, ordenou a um fiel criado que observasse o comportamento da esposa durante a sua ausência. Que a seguisse por toda parte, discretamente, mas sem perdê-la de vista.

Depois de três meses, o xeique retornou de viagem. Estava com muitas saudades da esposa; antes, porém, chamou o criado para uma conversa particular.

Este parecia muito agitado, e contou ao patrão que a mulher quase não saíra do palácio, mas que recebera, vindo de uma cidade distante, um grande cofre, onde facilmente caberia uma pessoa escondida. A partir daquele dia, ela se acostumara a trancar-se todas as tardes no quarto. E quando saía, punha um grosso cadeado no cofre, não permitindo que ninguém se aproximasse dele, nem mesmo o fiel servidor do palácio!

O xeique ficou embaraçado e foi ter com a esposa.

— O que guardas neste cofre? — inquiriu ele.

— Por que perguntas? Acaso acreditas em intrigas ? — respondeu a mulher.

— Se nada temes, dá-me a chave — pediu o xeique.

— Primeiro, quero que despeças o teu criado — exigiu ela.

O xeique assim fez. Depois, reclamou da esposa a chave prometida.

Sem nada dizer, ela lhe entregou a chave. Amir Mansur suspirou. E antes de tomar qualquer atitude, refletiu por uns instantes, pedindo iluminação para seus gestos.

Então, jogou a chave pela janela e ordenou que seus criados carregassem o cofre e o jogassem para sempre no mar.

Existe inimigo invencível?

Esta fábula também aparece no *Calila e Dimna*, coletânea que tem suas origens na Índia, e em que aparecem os chacais conselheiros. Na história que vamos ler se opõem o pássaro e a serpente, tradicionais símbolos, respectivamente, do mundo celeste e do mundo terrestre.

De modo geral, os pássaros simbolizam os estados superiores do ser. Sua ligação com o mundo superior aparece na palavra *auspício* (pressentimento, presságio), formada pelos radicais latinos *avis* (ave) + *spex* (observar), ou seja, as previsões que se podem fazer observando as aves.

A serpente, no caso desta fábula, é o perigo, a ameaça. Mas a figura da serpente, em lendas mais antigas, muitas vezes é um símbolo da sabedoria e do conhecimento dos mistérios, pois vive nos esconderijos secretos da terra.

A GRALHA E A SERPENTE

Certa vez, uma gralha fez seu ninho nos galhos de uma árvore.

Uma serpente que não tinha onde morar pediu para abrigar-se no oco que ficava ao pé da árvore. A gralha respondeu que não se incomodava, desde que a serpente respeitasse seus filhotes quando nascessem. A serpente prometeu que nunca faria mal a eles.

Mas quando os filhotes nasceram, o traiçoeiro réptil esperou que a gralha se afastasse e devorou um dos filhotes.

A gralha ficou desolada. Foi queixar-se a seu amigo chacal e disse-lhe que estava prestes a cair de bicadas na venenosa serpente.

— De que adiantaria? — refletiu o chacal. — Você poderia machucá-la um pouco, mas certamente seria morta e aí quem protegeria seus filhotes? Vamos pensar mais friamente e encontraremos um jeito de resolver o problema.

Assim foi: aconselhada pelo chacal, a gralha voou até a cidade e observou as pessoas que se aglomeravam no mercado da praça.

De repente, avistou o que queria. Num voo rasante e certeiro em direção a uma mulher, arrancou-lhe com o bico o colar que ela trazia no pescoço. A multidão, indignada, correu atrás da ave, que voou até a sua árvore e jogou o colar no oco, bem em cima da cobra. As pessoas então acharam a serpente, mataram-na para recuperar o colar, e assim a gralha se livrou para sempre da vizinha desleal.

Por que é preciso ter cuidado com o que se diz?

Nasr Eddin Hodja, mais conhecido como Nasrudin, é personagem frequente nas histórias de tradição muçulmana de vários países. Como personagem histórica, parece ter vivido na Turquia, entre os séculos XIII e XV. Seu nome significa, em árabe, "a vitória da fé" (*nars*= vitória+ *addin*=fé). É conhecido com o título de *ulemá* ou *mulá*, isto é, um sábio, filósofo, conhecedor da lei. As histórias que protagoniza são curtas e geralmente plenas de malícia e astúcia, justificando o lema "contra a força bruta vale mais a esperteza".

Impaciência

Certa vez, Tarik, homem rude e impaciente, foi procurar Nasrudin em sua casa. Os dois haviam marcado aquele encontro na véspera, para discutir um negócio. Mas Nasrudin se atrasou e, à hora marcada, não estava em casa.

Tarik bateu à porta e esperou alguns minutos. Como ninguém respondesse, irritou-se e escreveu com giz na porta da casa: "IDIOTA".

No dia seguinte, Nasrudin encontrou-se com o amigo e foi logo explicando:

— Desculpe, eu me esqueci do nosso encontro. Só me lembrei quando cheguei em casa e vi que você havia deixado seu nome na porta.

Toda lógica tem lógica?

Nasrudin apresenta uma personalidade muito complexa: às vezes é um grande sábio, às vezes é ingênuo ou espertalhão. Em muitos textos, aparece cercado do respeito das pessoas, que vêm pedir seus conselhos; em outros, é alvo de zombaria e de brincadeiras de mau gosto. Mas mesmo quando à primeira vista demonstra ser tolo, sempre proporciona um momento de reflexão, ao menos pela engenhosidade de seus pensamentos. É como se sua tolice ou loucura pudesse nos fazer pensar sobre nossa própria tolice ou loucura.

A PROVA DOS NOVE

Um amigo de Nasrudin foi visitá-lo e encontrou-o todo sorridente.

— Acabo de comprovar que ainda tenho a mesma força que tinha há vinte anos.

— É mesmo? — admirou-se o amigo. — E como você comprovou isso?

Nasrudin levou-o até o quintal de sua casa.

— Está vendo aquela pedra? Há vinte anos eu não conseguia levantá-la.

— E hoje? – quis saber o amigo.

— Hoje também não — respondeu Nasrudin, sorridente. — Exatamente como há vinte anos.

Prometer é cumprir?

As histórias de Nasrudin espalharam-se pelo mundo e ele ganhou outros nomes. Goha é o nome como é conhecido no Egito. Na tradição judaica, a personagem que lhe corresponde é chamada de Ch'hâ; na China, chamou-se Afanti; em outros países árabes, Djeha. Histórias bem semelhantes às de Nasrudin também aparecem na Holanda, com o herói Tyl Uilenspiegel. No Brasil, muitos desses mesmos episódios são protagonizados por Pedro Malasartes ou João Grilo.

Generosidade fácil

Um mendigo bateu à porta de Goha, pedindo esmolas.

Goha disse-lhe que não tinha nada para dar, mas que iria falar com seu vizinho.

— Ó, vizinho! — chamou Goha. — Por favor, dê alguma coisa ao pobre homem que está aí na nossa rua a pedir.

— Mas eu não tenho nada para lhe dar! — respondeu o vizinho.

— Oras, não seja sovina! Se eu tivesse duas casas, eu lhe daria uma!

O vizinho ficou impressionado, e Goha continuou:

— Se eu tivesse dois cavalos, lhe daria um! Se eu tivesse duas vacas, lhe daria uma!

O vizinho então perguntou:

— E se você tivesse duas galinhas?

— Bem, aí não, não daria nenhuma.

— Por quê? — quis saber o vizinho.

— Oras, porque eu *tenho* duas galinhas!

O que se ganha apontando fraquezas?

Essa história parece ter vindo da África, o chamado berço da humanidade. Se a humanidade começou mesmo nesse continente, é bem possível que todas as histórias tenham sua origem ali. Este conto, bastante dramático, nos convida a refletir sobre o respeito que devemos ter com as dificuldades dos nossos semelhantes.

O MONSTRO DA FLORESTA

Perdida no meio do mundo, havia uma aldeia. Seus habitantes viviam uma vida despreocupada, pois ali as terras eram férteis, as águas cristalinas e a floresta verdejante. Assim, raros eram os que já haviam alguma vez deixado a aldeia e conhecido outras terras.

Um dia, um dos aldeões aventurou-se um pouco mais para dentro da mata e deparou-se com algo que nunca tinha visto antes: uma melancia. A estranha fruta, rachada, no meio das folhagens, pareceu-lhe um monstro com a boca aberta, e ele fugiu espavorido.

Aos gritos, chegou à aldeia e alertou a todos, conseguindo que os homens o seguissem até lá para confirmarem a grande ameaça. Foram chegando de mansinho e quando viram a melancia —— que aspecto terrível era aquele? —— fugiram correndo de medo. Só dois deles não fugiram: Balu e Benji, que, já tendo viajado pelo mundo, conheciam melancias e puderam se aproximar do "monstro" sem nenhum temor, achando graça da ignorância dos companheiros.

Benji, o mais novo e mais afoito, quis logo voltar à aldeia e, ali chegando, convocou uma reunião. Rindo, zombou do medo de todos:

—— Que grandes tolos! Pois não veem que o monstro não passa de uma simples fruta? Não sejam ridículos!

Aos homens não agradou nada serem assim ridicularizados. Partiram para cima do jovem e, cobrindo-o de pauladas, expulsaram-no da aldeia. O mais velho, Balu, assistiu à cena e achou melhor esperar uns dias. Aos poucos, foi conversando com os companheiros, dizendo-lhes que, com cautela, talvez o monstro pudesse ser enfrentado.

Conquistando a confiança de todos, convenceu-os a voltar à floresta com ele, armados com suas facas. Pé ante pé, chegaram ao local e espiaram, meio escondidos por entre as árvores. Balu, mostrando coragem, avançou para a melancia e deu-lhe a primeira facada. Os outros se animaram e investiram contra ela, picando-a em pedacinhos. Exultantes com a vitória, voltaram para a aldeia carregando nos braços o valente Balu, que foi eleito chefe da aldeia.

E assim, respeitado e admirado, viveu o sábio Balu, aproveitando a confiança dos aldeões para ensinar-lhes aquilo que conhecia do mundo. E só sossegou quando teve certeza de que nenhum deles jamais confundiria de novo monstros com melancias.

O que é ouvir as pessoas?

Os andarilhos, também muito presentes nas histórias da tradição oral, podiam ser peregrinos em busca de si mesmos ou em visita a um lugar sagrado, ou apenas mendigos sem teto. Na religião sufi, peregrinar esmolando era uma atividade das mais louváveis, pois ensinava a humildade. Em geral, acolher um peregrino ou um andarilho era o que se esperava de qualquer pessoa de bem. Não lhes dar acolhida, em muitas religiões, constituía grave pecado.

O MELHOR SOM
DO MUNDO

Um andarilho faminto foi recebido na casa de um músico, que o convidou para jantar.

Antes de se dirigirem à sala de jantar, o músico, muito orgulhoso de sua coleção de instrumentos musicais, quis apresentá-la ao andarilho. E a cada instrumento, contava sua história, suas particularidades, mostrando-lhe o timbre e o modo correto de tocar.

Ao fim de algumas demonstrações, o andarilho não aguentava mais de fome. Já estava se sentindo mal, quando o músico lhe perguntou:

— E na sua opinião, qual o melhor som do mundo?

— Na minha opinião — respondeu o pobre faminto —, o melhor som do mundo é o som da concha batendo na tigela de sopa...

Qual o melhor método de aprendizagem?

Em histórias bem antigas, há personagens cuja profissão é ser ladrão. Isso não significa que sejam totalmente maus, apenas que por sua astúcia decidiram seguir esse caminho. Heródoto, que viveu na Grécia, no século V a.C., já contava a história do rei egípcio Rampsinitos, que deu sua filha em casamento a um ladrão, por julgá-lo o mais capaz de todos os homens. Hoje seria impensável uma profissão como essa, pois nossa consciência é diferente. No entanto, ainda há os que se servem da capacidade de roubar, assumindo oficialmente outras profissões...

LIÇÕES DE UM LADRÃO

Certa vez um rei, desejoso de conhecer melhor aqueles que frequentemente precisava julgar, decidiu tomar lições com um ladrão. Queria saber como eles agiam, como pensavam, enfim, queria aprender com eles para entendê-los.

Mandou, portanto, chamar um famoso ladrão e propôs-lhe que lhe desse aulas.

— Como? — perguntou, indignado, o ladrão. — E quem disse a Vossa Majestade que eu sou um ladrão? As pessoas se enganam a meu respeito.

O rei insistiu, prometendo-lhe pagar dez moedas de ouro a cada lição.

— De maneira alguma, Majestade. Há aqui um engano. Sou um homem de bem! Não sou capaz de dar essas aulas, pois nunca roubei nada em minha vida!

E, pedindo licença, retirou-se do palácio, mostrando-se ofendido.

O rei não sabia o que pensar. Dali a pouco, porém, percebeu que seu anel de esmeraldas sumira. Havia sido roubado! "Que audácia ele tem!", pensou. E mandou encarcerar o ladrão.

Mas este continuava a protestar sua inocência.

Naquela noite, o rei não conseguia dormir. Seu senso de justiça parecia abalado. E se aquele realmente não fosse o ladrão?

Assim pensando, desceu disfarçadamente ao subterrâneo das prisões e dirigiu-se à cela daquele que acabara de condenar.

Muito admirado, ouviu-o rezar e suplicar que os deuses o protegessem, pois era inocente, inocente, inocente!

O rei ficou muito impressionado com aquela cena. E na mesma hora, mandou que o soltassem, convencido de sua inocência.

Só então pôde dormir.

No dia seguinte, o famoso ladrão apresentou-se ao rei:

— Majestade, venho cobrar-lhe as trinta moedas de ouro.

— Trinta moedas? Mas de que se trata? Eu não lhe devo nada! Você não me deu lição alguma!

— Como não? — respondeu o ladrão. E fazendo um movimento de mãos, fez aparecer o anel de esmeraldas roubado.

Ante a estupefação do rei, continuou:

— A primeira lição é: faça-se sempre passar por um homem honesto, respeitador das leis. A segunda lição é: roube sem que ninguém perceba. E a terceira é: mesmo capturado, negue. Negue até o fim, diante de todos, até mesmo dos deuses. Podemos continuar com as lições?

Quem é o mais esperto?

Raja Birbal é uma figura histórica, isto é, sua existência é comprovada. Isso não quer dizer que tenha realmente sido protagonista das histórias que contam sobre ele. Birbal viveu no século XVI e era o grão-vizir (uma espécie de primeiro-ministro) da corte de Akbar, soberano do império mogol (império que alcançou enorme riqueza e que, no seu auge, compreendia os territórios do que hoje é Paquistão, Afeganistão, Bangladesh e Índia).

A PROVA DA SABEDORIA

Na corte do rei Akbar, na Índia, vivia um sábio extraordinário chamado Raja Birbal.

Um dia, chegou ao palácio um outro sábio, vindo de longe e querendo pôr a prova a sabedoria de Birbal. Este não se opôs, mas indagou-lhe:

— Você prefere que eu responda a cem perguntas fáceis ou a uma apenas, mas muito difícil?

O forasteiro escolheu propor-lhe apenas uma. E perguntou:

— Quem nasceu primeiro: o ovo ou a galinha?

— A galinha — respondeu Birbal, sem pestanejar.

— Por quê?

— Ah, essa já é uma outra questão. E você escolheu propor-me apenas uma...

De que depende o preço?

Srulek é o correspondente polonês de Nasrudin. Também personagem de inúmeras histórias e anedotas, propõe reflexões através do humor. O *kopek*, moeda russa, correspondente a um centésimo do *rublo*, era usado pelos poloneses da parte oriental quando dominada pelo *tsar* russo. Hoje o dinheiro da Polônia se chama *sloty*, que significa dourado.

O PREÇO JUSTO

O ladino Srulek certa vez resolveu abrir um mercadinho.

Um dia, chegou uma senhora e pediu uma lata de azeitonas.

— São dez *kopeks*, madame — disse Srulek.

A mulher se espantou com o preço:

— Dez?! Mas ali no empório da esquina a mesma lata custa cinco!

— Pois então, senhora, compre ali na esquina.

— O problema é que hoje eles não têm mais azeitonas para vender.

— Então está explicado — sorriu Srulek. — Eu também, quando não tenho mais, vendo-as a cinco *kopeks*.

Vale tudo para evitar um prejuízo?

Este também é um antigo conto oriental, provavelmente
de inspiração hinduísta. Pode-se perceber a sua antiguidade pelo
fato de que ainda se estava longe de uma economia global:
uma região dificilmente conhecia os produtos de outra região.
Num contexto assim, a figura do mercador era importantíssima,
pois ele propiciava o intercâmbio entre os povos.

O SACRIFÍCIO

Há muitos e muitos anos, um mercador, querendo aumentar seus lucros com mercadorias exóticas, viajou para a Índia.

Não tardou que visse no mercado algo que ele não conhecia: uma espécie de fruto vermelhinho e pontudo, que todas as pessoas compravam, parecendo apreciá-lo muito.

O mercador, certo de fazer um bom negócio, comprou um saco daquelas frutinhas. "Chamam-se pimentas", explicou o vendedor.

Contente com sua preciosa carga, o mercador foi embora e, assim que chegou a um lugar aprazível, na beira da estrada, parou para poder apreciar sua nova mercadoria, à sombra de uma árvore. Escolheu a maior das pimentas e mastigou-a com gosto. Que terrível! Era como uma labareda a arder em sua língua! Ainda bem que ele dispunha de uma boa garrafa de água.

— Esta devia estar estragada — pensou ele. E tentou novamente, mastigando outra pimenta. E mais uma vez sentiu sua boca pegar fogo.

— Quem sabe uma outra estará melhor — insistiu ele. E de novo sentiu a boca queimar, de tal modo que lágrimas lhe brotaram dos olhos.

Foi então que passou por lá um jovem indiano e, vendo o sofrimento do mercador, explicou-lhe que não se podia comer pimenta assim, que todas eram ardidas.

O mercador agradeceu a explicação. Que bobagem fizera!

Dali a pouco, o jovem indiano passou de volta pelo mesmo local. E deparou-se, admirado, com o mercador, que continuava lá, com os olhos a lacrimejarem, o nariz a escorrer, mastigando as pimentas.

— Mas eu já não expliquei que não se pode comer pimentas assim? — indagou o jovem. — O senhor não entendeu? O está querendo fazer?

— Entender eu entendi — disse o mercador. — Só estou tentando aproveitar a mercadoria para diminuir meu prejuízo...

Saber imitar é saber fazer?

Bertoldo é uma personagem da tradição oral da Itália, que aparece também com o nome de Giuffa ou Giucca, na Sicília. Suas peripécias são muito semelhantes às de Nasrudin. Como Nasrudin, às vezes mostra absoluta ingenuidade, às vezes uma incrível astúcia.

DIAGNÓSTICO FÁCIL

Bertoldo, o tolo, queria ser médico. Então achou que seria fácil: bastava acompanhar o médico da aldeia e ver como ele agia.

O médico tentou lhe explicar que a coisa não era tão fácil assim, mas Bertoldo insistiu e lá se foi, acompanhando o doutor na visita a um doente.

Era um homem já idoso, que gemia na cama, dobrando-se de dor.

O médico foi logo dizendo:

— Amigo, seu caso não é sério. Tome um chá de hortelã e amanhã o senhor estará curado. Mas nunca mais coma tantas ameixas!

Saindo de lá, Bertoldo, impressionado com o diagnóstico do médico, quis saber como, sem nem mesmo mexer no doente, ele pudera adivinhar do que ele sofria.

— Não foi difícil — explicou o médico. — Bastou eu olhar embaixo da cama e ver um pratinho cheio de caroços de ameixas. Foi assim que eu deduzi que ele havia comido um bom punhado delas.

Bertoldo ficou radiante. Quer dizer que era tão simples assim ser médico? Dirigiu-se então à aldeia vizinha e mandou apregoar que podia curar qualquer doente.

Logo foram chamá-lo para atender a uma senhora, que também jazia na cama, chorando de dor.

Bertoldo entrou e logo olhou para baixo da cama. Mas ali só havia um par de chinelos.

— Senhora, seu caso não é sério — disse Bertoldo, com toda a formalidade. — Tome um chá de hortelã e amanhã estará curada. Mas, por favor, nunca mais coma tantos chinelos!

Quem sabe o que é preciso saber?

Os andarilhos ou peregrinos são personagens
presentes em muitas histórias, de várias tradições.
Peregrinar era, via de regra, uma atividade religiosa.
Peregrinava-se aos lugares santos, assim como até hoje
muçulmanos vão em peregrinação a Meca, e cristãos em
peregrinação a Santiago de Compostela, a Lurdes ou Fátima,
ou mesmo no Brasil, em peregrinação ao Santuário de Nossa
Senhora Aparecida. Peregrinar era também uma maneira
de meditar e assim conhecer a si mesmo e ao mundo.

QUEM SABE, SABE

Um peregrino percorria seu caminho, usufruindo de sua solidão para meditar sobre o mundo e sobre si mesmo, quando se deparou com uma turma de jovens monges saindo de um monastério. Ao avistá-lo, os jovens vieram pedir-lhe conselhos e ensinamentos. O peregrino, então, concordou em sentar-se à sombra de uma árvore e, aos monges ávidos de conhecimento, disse:

— Amigos, não tenho nada a ensinar-lhes, senão isto:

"Aquele que não sabe e não sabe que não sabe, é um tolo. Evitem-no.

Aquele que não sabe e sabe que não sabe, é um inocente. Ajudem-no.

Aquele que sabe e não sabe que sabe, está dormindo. Acordem-no.

Aquele que sabe e sabe que sabe, é um sábio. Sigam-no."

E levantou-se para continuar seu caminho. Percebendo, porém, que a maioria dos jovens se dispunha a segui-lo, completou:

— Mas não se esqueçam de que é muito difícil ter certeza se aquele sabe e sabe que sabe, sabe algo que valha a pena saber.

E os mestres dessas
histórias que você leu?
Sabem mesmo alguma coisa?
Sabem o que é preciso saber?

Autora e obra

Aos oito anos, ganhei de meu pai uma coleção de livros de histórias. Foi paixão à primeira vista, ou "à primeira lida". Lembro-me do que lhe disse: "Nunca mais precisa me perguntar o que quero ganhar de presente: só quero livros de histórias".

No início, minhas preferidas eram as histórias de princesas e príncipes, que sempre contavam com a ajuda providencial de um mendigo ou de uma velhinha, feiticeiros do bem disfarçados. Ou de um amuleto, um objeto mágico, quando não de uma explícita fada-madrinha. Depois, comecei a achar aquelas soluções fáceis demais e passei a preferir histórias em que a personagem vence pela astúcia ou pelo sacrifício e não depende de magia alguma. Um pouco mais tarde, minha preferência passou para o que eu chamava de "contos de adultos". Eram contos curtos, como os deste livro, contos bem-humorados que nos convidam a filosofar e que, mesmo relidos muitas vezes, sempre nos mostram novos motivos para reflexão.

E hoje, que histórias prefiro? Bem, se isso é possível, passei a "preferir" todas. Entendi que cada história tem seu momento em nossa vida e, à sua maneira, poderá nos encantar e nos iluminar.

Rosane Pamplona